Bibliografische Information der Deutschen Nationalbibliothek:

Die Deutsche Bibliothek verzeichnet diese Publikation in der Deutschen National-
bibliografie; detaillierte bibliografische Daten sind im Internet über http://dnb.d-
nb.de/ abrufbar.

Dieses Werk sowie alle darin enthaltenen einzelnen Beiträge und Abbildungen
sind urheberrechtlich geschützt. Jede Verwertung, die nicht ausdrücklich vom
Urheberrechtsschutz zugelassen ist, bedarf der vorherigen Zustimmung des Verla-
ges. Das gilt insbesondere für Vervielfältigungen, Bearbeitungen, Übersetzungen,
Mikroverfilmungen, Auswertungen durch Datenbanken und für die Einspeicherung
und Verarbeitung in elektronische Systeme. Alle Rechte, auch die des auszugsweisen
Nachdrucks, der fotomechanischen Wiedergabe (einschließlich Mikrokopie) sowie
der Auswertung durch Datenbanken oder ähnliche Einrichtungen, vorbehalten.

Impressum:

Copyright © 2008 GRIN Verlag, Open Publishing GmbH
Druck und Bindung: Books on Demand GmbH, Norderstedt Germany
ISBN: 9783640461318

Dieses Buch bei GRIN:

http://www.grin.com/de/e-book/137802/nutzen-der-dlna-zertifizierung-im-heiman-
wenderbereich

Patrick Offer

Nutzen der DLNA Zertifizierung im Heimanwenderbereich

Praxistest mit ZyXEL NSA-220

GRIN Verlag

GRIN - Your knowledge has value

Der GRIN Verlag publiziert seit 1998 wissenschaftliche Arbeiten von Studenten, Hochschullehrern und anderen Akademikern als eBook und gedrucktes Buch. Die Verlagswebsite www.grin.com ist die ideale Plattform zur Veröffentlichung von Hausarbeiten, Abschlussarbeiten, wissenschaftlichen Aufsätzen, Dissertationen und Fachbüchern.

Besuchen Sie uns im Internet:

http://www.grin.com/

http://www.facebook.com/grincom

http://www.twitter.com/grin_com

FOM

Fachhochschule für Oekonomie und Management

Neuss

Hausarbeit

Nutzen der DLNA Zertifizierung im Heimanwenderbereich - Praxistest mit ZyXEL NSA-220

---

eingereicht bei
Diplom-Informatiker(FH) Christian Schäfer

Von: Patrick Offer
Matrikelnr.:   156376

Inhaltsverzeichnis

Abkürzungsverzeichnis

AV	Audio/Video
DIVX	Digital Video Express
DLNA	Digital Living Network Alliance
HD	High Definition
HDMI	High Definition Multimedia Interface
HTTP	Hypertext Transfer Protocol
IEEE	Institute of Electrical and Electronics Engineers
IPv4	Internet Protocol Version 4
JPEG	Joint Photographic Experts Group
LAN	Local Area Network
Mbit	Mega Bit
Mbps	Mega bits pro sekunde
MByte	Mega Byte
MP3	MPEG-1 Audio Layer 3
MPEG	Moving Picture Experts Group
NAS	Network Attached Storage
PC	Personal Computer
RAID	Redundant Array of Independent/Inexpensive Discs
S	Sekunde
SSID	Service Set Identifier
UPNP-AV	Universal Plug and Play Audio/Video
USB	Universal serial Bus
WLAN	Wireless Local Area Network
WPA	Wi-Fi Protected Access

Abbildungsverzeichnis

1 Einleitung

Heutzutage finden sich in nahezu jedem Haushalt die verschiedensten Geräte aus dem Bereich der Konsumer-Elektronik. Angefangen bei Fernsehern, Stereoanlagen, DVD-Playern, bis hin zu Spielekonsolen, Digitalkameras und Handys. Dabei sind die einzelnen Geräte jedoch kaum untereinander vernetzt. Dies verwundert zum Einen, da in den letzten Jahren eine starke Verbreitung digitaler Inhalte, wie zum Beispiel MP3s und JPEGs stattgefunden hat. Zum Anderen ist eine Vernetzung wünschenswert, um diese Inhalte, möglichst ohne Qualitätsverlust, auf jedem Endgerät wiedergeben zu können. Damit bliebe die Nutzung von digitalen Inhalten nicht nur auf den PC beschränkt. Fotoalben könnten direkt am Fernseher ausgegeben werden oder die digitale Tonspur eines Filmes auf der Stereoanlage wiedergegeben werden. Derzeit geschieht dies allerdings noch über den Umweg eines Speichermediums wie beispielsweise einer DVD, auf der sowohl Bilder, als auch Musik über den DVD-Player am Fernseher beziehungsweise der Stereoanlage ausgegeben werden können. Eine direkte Verbindung zwischen dem Speicherort der digitalen Inhalte (zumeist dem PC) und einem Endgerät fehlt an dieser Stelle. Dabei ist in vielen Haushalten bereits ein Heimnetzwerk zu finden, an dem PCs und Laptops untereinander, und mit dem Internet verbunden sind.

An diesem Punkt setzt die Organisation der Digital Living Network Alliance (kurz DLNA) an. Sie hat es sich zum Ziel gesetzt, einheitliche Standards für die Industrie zu schaffen, um die Entwicklung vernetzter Geräte aus den Bereichen Computer, Konsumer-Elektronik und mobiler Kommunikation zu ermöglichen.

Diese Hausarbeit beschäftigt sich mit der Bewertung des Nutzens, den die Zertifizierung über die DLNA sowohl dem Heimanwender, als auch der Industrie bietet. Hierzu wird zunächst auf die Ziele der DLNA und den grundsätzlichen Aufbau eines DLNA-Heimnetzwerkes eingegangen. In einem zweiten Schritt erfolgt ein Praxistest mittels eines von der DLNA zertifizierten NAS, dem ZyXEL NSA-220.

2 Grundlagen

2.1 Digital Living Network Alliance

2.1.1 Mitglieder

Zur Organisation der DLNA gehören derzeit insgesamt 245 Firmen. Diese teilen sich in 26 organisatorisch tätige, und 219 mitwirkende Hersteller auf. Zu diesen zählen weltweit führende Marken im Bereich Computer, Mobilfunk und Konsumer-Elektronik. Einige Beispiele sind:

Quelle: Entnommen aus DLNA, Member (2008), passim[ ].

Abbildung 1: Organisatoren der DLNA

Die weiteren, lediglich in mitwirkender Form beteiligten, Firmen decken breite Märkte ab. So sind nicht nur Festplattenhersteller wie Fujitsu Siemens, Western Digital oder Buffalo zu finden, sondern auch Autokonzerne wie Volkswagen, BMW und Mercedes.[1]

---

[1] Vgl. DLNA, Member (2008), passim[ ].

2.1.2 Ziele

Ziel der DLNA Organisation ist die Aufstellung von Kommunikationsregeln für die drei Bereiche Computer, mobile Endgeräte und Konsumer-Elektronik. Dies soll eine vernetzte Nutzung digitaler Inhalte wie Fotos, Musik, Videos und anderer Dokumente im gesamten Haus und darüber hinaus ermöglichen. Um die dazu notwendige Interoperabilität zwischen den verschiedenen Geräten zu gewährleisten, wurden die so genannten DLNA Interoperability Guidelines ausgearbeitet. Diese Richtlinien dienen als Grundlage zur Entwicklung entsprechender Geräte und Software-Infrastrukturen.[2]

2.1.3 Zertifizierung

Die zu zertifizierenden Geräte werden von der DLNA in folgende 3 Produktkategorien unterteilt:

Home Network Devices	Mobile Handheld Devices	Home Interoperability Devices
Digital Media Server (DMS)	Mobile Digital Media Server (M-DMS)	Mobile Interoperability Unit (MIU)
Digital Media Player (DMP)	Mobile Digital Media Player (M-DMP)	Mobile Network Connectivity Function (M-NCF)
Digital Media Renderer (DMR)	Mobile Digital Media Downloader (M-DMD)	
Digital Media Controller (DMC)	Mobile Digital Media Uploader (M-DMU)	
Digital Media Printer (DMPr)	Mobile Digital Media Controller (M-DMC)	

Quelle: Entnommen aus Digital Living Network Alliance, Whitepaper (2007), Seite 7[ ].

Abbildung 2: Produktkategorien der DLNA Zertifizierung

In der ersten Kategorie sind Netzwerkgeräte für den Heimbereich zusammengefasst. Die zweite Kategorie beschreibt Geräte für die mobile Kommunikation. In der dritten Kategorie werden Geräte definiert, welche einerseits die Kommunikation zwischen Geräten der ersten und zweiten Kategorie sicherstellen und andererseits die

---

[2] Vgl. ITWissen, DLNA (2008), passim[ ].

Formatierung der benötigten Inhalte für den Heim- beziehungsweise mobilen Bereich vornehmen.[3] Die jeweiligen Anforderungen, welche mit der entsprechenden Kategorie verknüpft sind, unterscheiden sich hierbei. So sind beim mobilen Einsatz von Audiodateien Formate mit guten Komprimierungseigenschaften wichtiger als im Heimbereich.[4] Um Geräte und Software entwickeln zu können, welche die Inter-

Quelle: Angelehnt an Digital Living Network Alliance, Whitepaper (2007), Seite 5[ ].

Abbildung 3: DLNA Interoperability Guideline Blocks

operabilität zwischen den verschiedenen Geräten und Klassen sicherstellen, wurden die Interoperability Guidelines ausgearbeitet. Diese enthalten die Entwicklungsstandards, welche die DLNA in insgesamt sechs Blöcke unterteilt (Vergleiche Abbildung 3). Hierzu gehören Formatstandards wie MP3 oder JPEG, aber auch Netzwerkstandards wie HTTP und IPv4.

2.2 Aufbau des Heimnetzwerks

Um digitale Formate streamen zu können, wird zunächst ein Ort benötigt, an dem die Daten gelagert werden können. Hierzu kann ein Server, ein Network Attached Storage (kurz NAS) oder ein als Server konfigurierter PC, Verwendung finden. Über ein Netzwerk wird dieser dann an einen Streaming Client angeschlossen. Dieser wird benötigt, um die verschiedenen Formate in ein, für das jeweilige Endgerät, passendes Format umzuwandeln. Bei einigen Endgeräten, zum Beispiel Fernsehern, lässt sich auch ein direkter Netzwerkanschluss finden. Auf einen zusätzlichen, externen Streaming Client kann somit bei diesen Geräten verzichtet werden.

Diese Struktur kann durch weitere Netzwerkkomponenten sowie Endgeräte erweitert werden (Vergleiche Abbildung 4). So können weitere Ablageorte für digitale Inhalte, wie mobile Speichermedien oder Digitalkameras, eingebunden werden. Ebenso möglich sind Verbindungen in das Internet oder zu mobilen Endgeräten, wie einem

---

[3] Vgl. DLNA, Geräteklassen (2008), passim[ ].

[4] Vgl. Digital Living Network Alliance, Whitepaper (2007), Seite 15 f[ ].

Application Diagram

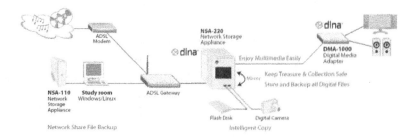

Quelle: Entnommen aus ZyXEL, Aufbau (2008)[ ].

Abbildung 4: Aufbau eines DLNA Mediennetzwerkes

Handy. Zusätzlich bietet das Netzwerk alle Möglichkeiten eines normalen Netzwerkes, wie den Anschluss an ein WLAN-Netzwerk.

2.3 Gerätetypen

2.3.1 Server

2.3.1.1 Buffalo TeraStation Live

Buffalo bietet mit der TeraStation Live ein NAS mit hoher Speicherkapazität an. Im Gehäuse finden bis zu 4 Festplatten Platz, wodurch eine Gesamtkapazität von bis zu 4 TerraByte möglich ist. Dabei können die Festplatten wahlweise auch über ein RAID verbunden werden, um Geschwindigkeit und Datenschutz zu verbessern. Als Software ist ein DLNA zertifizierter Media-Server von Mediabolic enthalten, welcher das Streamen von Multimediadateien an DLNA zertifizierte Streaming Clients erlaubt.[5]

2.3.1.2 PC

Auch der normale Heim-PC kann, mit der entsprechenden Software aufgewertet (siehe auch Punkt 2.4.1), als Medienserver im Heimnetzwerk verwendet werden. Bei

---

[5] Vgl. Buffalo, TeraStation (2008), passim[ ].

der Nutzung des PCs als Media-Server kann daher auf die Anschaffung von zusätzlicher Hardware verzichtet werden. Ein großer Vorteil dieser Systeme ist dabei die hohe Skalierbarkeit der Hardware. Des Weiteren besteht die Möglichkeit der Zusammenstellung eines speziellen Media-PCs, welcher unter anderem die Spezialaufgaben eines Servers und eines Heimkinos übernehmen kann. Die Hersteller bieten hierfür spezielle Gehäuse an, die für den Wohnbereich geeignet sind. Sie verfügen über ähnliche Außenmaße wie DVD-Player oder AV-Receiver und besitzen besonders leise Kühlsysteme.

2.3.2 Streaming Clients

2.3.2.1 LinkTheater Wireless A&G Network Media Player

Das LinkTheater der Firma Buffalo ist ein Streaming Client, welcher speziell dazu entwickelt wurde, als Bindeglied zwischen Heimnetzwerk und Home Cinema zu dienen. Hierzu sind alle benötigten Schnittstellen, wie optischer Digitalausgang für den Ton und Composite Video für die Bildübertragung, vorhanden. Eine Besonderheit sind integrierte WLAN-Antennen, welche eine direkte Anbindung an ein WLAN-Netzwerk ermöglichen. Über eine USB-Schnittstelle können weitere Speichermedien zum Streamen angeschlossen werden.[6]

Quelle: Entnommen aus Buffalo, LinkTheater (2008), passim[ ].

Abbildung 5: Buffalo LinkTheater

2.3.2.2 Spielekonsolen

Sowohl die von Sony entwickelte Playstation 3, als auch die Xbox 360 Elite vom Konkurrenten Microsoft, besitzen die Zertifizierung der DLNA als Streaming Client. Dadurch können digitale Inhalte von einem Speicherort aus dem Netzwerk auf dem Fernseher oder einer Stereoanlage wiedergegeben werden. Das besondere hierbei sind die vielfältigen Nutzungsmöglichkeiten der Boxen. Sie sind Spielekonsole, Streaming Client, DVD- bzw. Blurayplayer und Internetzugriffspunkt in einem. Über die Boxen wiedergegebene Filme können sogar über den jeweils integrierten HDMI Anschluss ausgegeben werden.

---

[6] Vgl. Buffalo, LinkTheater (2008), passim[ ].

2.4 Benötigte Software

2.4.1 Server

2.4.1.1 Vorinstallierte Software (Server)

Auf einigen NAS befindet sich bereits, eine durch den Hersteller vorinstallierte Media-Server-Software zur Aufbereitung der, auf den Laufwerken gespeicherten, digitalen Inhalte. Das Aufspielen einer zusätzlicher Software entfällt somit. Bei DLNA zertifizierten Geräten ist dies Pflicht. Jedoch bieten diese Geräte in der Regel lediglich eine geringe Unterstützung der verschiedener Formate und häufig wenig Support und Neuerungen.

2.4.1.2 Microsoft Media Center

Die von Microsoft entwickelte Media Center Software ist eine Erweiterung des Betriebssystems, um multimediale Funktionen, wie das Streamen digitaler Inhalte. Sie wird häufig auf speziellen Media Center PCs eingesetzt, was den Vorteil einer beliebigen Skalierbarkeit der Hardware bietet. Es existieren ebenfalls Fernbedienungen, welche speziell auf diese Software ausgerichtet sind.

2.4.1.3 TwonkyMedia

Der Media-Server TwonkyMedia der Firma TwonkyVision stellt eine Alternative zu bereits vorinstallierten Media-Servern dar, und ist dazu geeignet, NAS Systeme ohne vorinstallierte Media-Server zu erweitern. Der Vorteil dieser Software besteht darin, dass sie ebenfalls DLNA zertifiziert ist. Des Weiteren unterstützt TwonkyMedia eine Vielzahl digitaler Formate, unter anderem DIVX und 3GP.[7] Der bedeutsamste Vorteil ist jedoch die Weiterentwicklung der Software, welche neue Formate und Dienste einschließt. Hinzu kommt, dass nicht nur normale MediaPlayer, sondern auch Spielekonsolen wie Microsofts Xbox und Sonys Playstation 3 als Streaming Client unterstützt werden.[8]

---

[7] Vgl. TwonkyMedia, DLNA (2008), passim[ ].
[8] Vgl. TwonkyMedia, Geräte (2008), passim[ ].

2.4.2 Streaming Client

2.4.2.1 Vorinstallierte Software (Client)

Bei vielen Streaming Clients wird, ähnlich wie bei NAS Systemen, keine zusätzliche Software benötigt. Dies gilt insbesondere für Konsumergeräte wie Fernseher oder AV-Receiver, welche über einen eigenen Netzwerkanschluss verfügen. Auch eigenständige MediaPlayer wie das Buffalo LinkTheater gehören dazu.[9] Jedoch gelten auch hier die gleichen Einschränkungen bezüglich der Formatvielfalt und des Supportes wie bei NAS Systemen.

2.4.2.2 Windows Media Player 11

Die aktuelle, elfte Version des Windows Media Players von Microsoft bietet ebenfalls die Möglichkeit, Bilder, Videos und Musik über ein UPNP-AV-fähiges Netzwerk, beispielsweise einem DLNA zertifizierten, zu streamen. Hierbei müssen die zu streamenden Inhalte im Windows Netzwerk freigegeben werden. Eine Besonderheit des Windows Media Players 11 ist, dass dieser nicht nur als Streaming Client eingesetzt werden kann. Die Software bietet ebenfalls die Möglichkeit, Inhalte, welche auf dem jeweiligen PC gespeichert sind, für andere im Netzwerk befindliche Streaming Clients aufzubereiten, und so als Media-Server zu dienen.[10]

2.4.2.3 Nero ShowTime

Die in Nero 8 enthaltene Software Nero ShowTime dient dem Abspielen von multimedialen Inhalten. Dabei werden zahlreiche Formate, unter anderem der Videokompressionsstandard H.264 und digitale Tonformate wie Dolby Digital, unterstützt. Des Weiteren können ebenfalls gestreamte Inhalte wiedergegeben werden. Damit über Nero ShowTime Blu-rays und HD DVDs wiedergegeben werden können, muss allerdings ein zusätzliches, kostenpflichtiges Plug-in über Nero erworben und installiert werden.[11]

---

[9] Vgl. Buffalo Technology (2008), passim[ ].
[10] Vgl. Zota, Media Player (2006), passim[ ].
[11] Vgl. Zota, Nero 8 (2008), passim[ ].

3 Praxistest mit NSA-220 von ZyXEL

3.1 Testaufbau

3.1.1 Intention

Um die Möglichkeit zu schaffen im gesamten Haus auf digitale Daten zurückgreifen zu können, muss zunächst ein Heimnetzwerk geschaffen werden. Dies soll über ein DLNA zertifiziertes Netzwerk realisiert werden. Dabei soll das zu erstellende Heimnetzwerk im Wesentlichen zwei Ziele erfüllen. Zum Einen soll ein zentraler Speicherort für Daten geschaffen werden, welcher zusätzlich über einen entsprechenden Datenschutz verfügt. Zum Anderen soll die Möglichkeit geschaffen werden, auf diese Daten in jedem Raum zugreifen zu können.

3.1.2 Vorhandene Geräte

Als WLAN-Router wird im Heimnetzwerk die FFRITZ!Box Fon WLAN 7270 der Firma AVM eingesetzt. Über diesen WLAN-Router erfolgt der grundsätzliche Aufbau des Netzwerks. Als weitere Komponente ist ein Laptop vorhanden, auf welchem die digitalen Inhalte gestreamt werden können. Um den neuen, schnelleren Standard IEEE 802.11n, mit einer Brutto-Datenübertragungsrate von bis zu 300 Mbits, einsetzen zu können, ist zusätzlich ein FRITZ!WLAN USB Stick vorhanden. Damit die Ziele, Erstellen eines zentralen, geschützten Datenspeichers und Schaffen einer Streamingmöglichkeit, erreicht werden können, ist zusätzlich das DLNA zertifizierte NSA-220 von ZyXEL in das Heimnetzwerk integriert. Das NSA-220 verfügt über zwei Laufwerkschächte für

Quelle: Entnommen aus ZyXEL, NSA-220 (2008), passim[18].

Abbildung 6: ZyXEL NSA-220

Festplatten, und ermöglicht hierdurch eine erhöhte Datensicherheit über einen RAID 1 Verbund.

3.1.3 Vorhandene Software

Damit die auf dem NSA-220 gespeicherten digitalen Inhalte auf den Laptop gestreamt werden können, wird zusätzliche Software benötigt. Genutzt wird zum Einen
der, im Betriebssystem Windows Vista integrierte, Windows Media Player. Dieser
liegt in der aktuellen Version elf vor, welche zum Ersten Mal über eine Streaming
Möglichkeit verfügt. Zum Anderen wird die Software, welche dem NSA-220 beigelegt
ist, eingesetzt. Hierbei handelt es sich um das Programm DIXIM, einer speziellen
Streamingsoftware des Herstellers DigiOn. Um die Geschwindigkeit der verschiedenen Netzwerkverbindungen testen zu können, wird die Benchmarksoftware „ATTO
Disk Benchmark" der Firma ATTO Technology eingesetzt.

3.2 Testdurchführung

3.2.1 Installation der Geräte

Zunächst ist die Verkabelung der Fritz!Box durchzuführen. Hierzu wird die Box
zunächst an Strom angeschlossen. Um ein Streamen über das Internet zu ermöglichen, wird die Fritz!Box zusätzlich durch ein entsprechende Kabel mit einer Tele-
fondose verbunden. Nachfolgend kann die Konfiguration der Fritz!Box durchgeführt
werden. Der NAS-Server benötigt lediglich den Anschluss an Strom und, über das
mitgelieferte Netzwerkkabel, an einen beliebigen LAN-Anschluss der Fritz!Box. Da
der NSA-220 ein Leergehäuse ist, werden zunächst zwei 500 GByte Caviar Festplatten, des Herstellers WesternDigital, im Gehäuse installiert. Hierzu sind einige Schrauben zu lösen und die Festplatten auf vorhandene Laufwerksladen mittels
Schrauben zu befestigen. Diese werden über ein Schienensystem in das Gehäuse ge-
schoben, wodurch sie automatisch auf die entsprechenden Schnittstellen gesteckt
werden. Anschließend wird das Gehäuse wieder verschlossen. Der Laptop wird
zunächst über ein Lan-Kabel an das Netzwerk angebunden. Des Weiteren geschieht
die Anbindung über WLAN, wobei einmal das integrierte WLAN-Modul, und einmal der FRITZ!WLAN USB Stick genutzt wird. Der Stick wird dabei lediglich an
einen vorhandenen USB-Port des Laptops gesteckt.

3.2.2   Einrichten der Software

Um über die Fritz!Box ein Netzwerk aufbauen zu können, muss diese zunächst konfiguriert werden. Zu diesem Zweck wird zuerst eine WLAN Verbindung zum Laptop hergestellt. Hierzu wird am Laptop nach verfügbaren WLAN-Netzwerken gesucht. Die am Strom angeschlossene Fritz!Box ist hier unter ihrem SSID-Namen sichtbar. Nachdem dieser ausgewählt wurde, muss noch der WLAN-Netzwerkschlüssel, welcher unterhalb der Box notiert ist, zur Zertifizierung eingegeben werden, da die Box das Netzwerk bereits im Auslieferungszustand über WPA verschlüsselt. Ist diese Einrichtung erfolgreich verlaufen, so ist ein Web-Kofigurationsmenü über fritz.box im Browserfenster zu erreichen. Innerhalb dieser Web-Oberfläche kann die komplette Konfiguration der Fritz!Box erfolgen. Als erstes fragt die Fritz!Box einen Start-Code

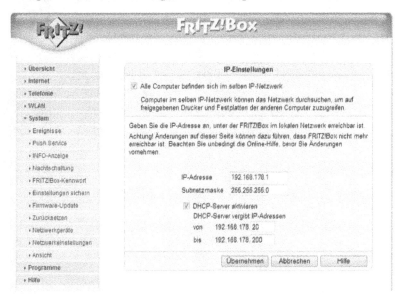

Abbildung 7: Konfiguration der Fritz!Box als DHCP-Server

des Internetproviders 1&1 ab. Wurde dieser korrekt eingegeben, übernimmt die Box die grundsätzliche Einrichtung des Internet- und Telefonanschlusses, indem die entsprechenden Daten über das Internet beim Netzbetreiber bezogen werden. Zur weiteren Einrichtung des Heimnetzwerkes, wird die Box danach als DHCP-Server unter dem Menüpunkt „System\Netzwerkeinstellungen" deklariert. Hierdurch ist sie in der Lage die Zuweisung der IP-Adressen an die anzuschliessenden Geräte zu übernehmen. Ein entsprechender Bereich zur Vergabe der IP-Adressen ist dabei bereits vorgegeben (Vergleiche Abbildung 7). Der nächste Schritt ist die Konfiguration des NSA-220. Hierzu wird zunächst das beigelegte „Discovery Utility" auf dem Laptop installiert. Mithilfe dieses Tools werden im Netzwerk vorhandene NSAs erkannt. Durch einen Klick auf „ADMIN" im Discovery Utility öffnet sich der Browser, in welchem, ähnlich wie bei der Fritz!Box, die komplette Konfiguration des NSA-220 erfolgt. Der erste Schritt hierbei ist die Formatierung der neu eingebauten Festplatten. Um der Anforderung, eine Verbesserung des Datenschutzes zu erreichen, nach zu kommen, werden die Festplatten als RAID 1 konfiguriert. Nachdem die Partitionierung durch das NAS abgeschlossen ist, werden einzelne Shares angelegt, welche mit Ordnern vergleichbar sind. Diesen Shares werden so erstellt und mit Zugriffsrechten versehen, dass zum Einen jeder Nutzer im Netzwerk sein eigenes privates Shares besitzt. Zum Anderen werden öffentliche Shares für digitale Inhalte definiert. Im Anschluss wird der Media-Server eingerichtet. Hierzu muss dieser zunächst über die Web-Oberfläche aktiviert werden. Des weiteren werden ihm die Shares hinzugefügt, in denen die digitalen Inhalte, welche veröffentlicht werden sollen, gespeichert werden (Vergleiche Abbildung 8).

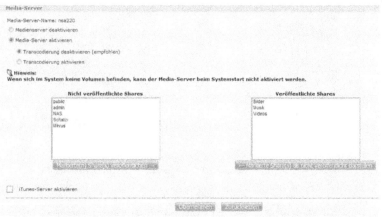

Abbildung 8: Ausschnitt der Web-Oberfläche zur Konfiguration des Media-Servers NSA-220

Um eine Anbindung des NSA-220 über Windows Vista zu ermöglichen, wird der

Arbeitsgruppenname des NAS, dem des Betriebssystems angeglichen. Nach diesen Einstellungen wird der Media-Server sowohl von der Streaming-Software (Vergleiche Abbildung9), als auch im Windows-Explorer unter Netzwerk gefunden.

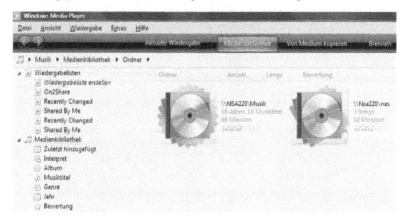

Abbildung 9: Ausschnitt des Microsoft Media Players mit der Anzeige der NSA-220 Shares

3.2.3 Messen der Performance

Getestet wurden insgesamt drei Möglichkeiten der Verbindung an ein Netzwerk. Der erste Test erfolgte über eine 10/100Mbit LAN Verbindung. Zwei weitere Verbindungen wurden über WLAN aufgebaut, wobei zum Einen unter dem IEEE 802.11g Standard mit 54Mbps Brutto-Datenübertragungsrate getestet wurde, und zum Anderen unter dem IEEE 802.11n Standard mit einer Brutto-Datenübertragungsrate von 300Mbps. Dabei stellte sich die WLAN-Verbindung mit 58Mbps als langsamste Variante heraus. Sie erreichte eine Lesegeschwindigkeit von ca. 2,3MByte/s, und eine Schreibgeschwindigkeit von ca. 2,5MByte/s. Ein wenig überraschend fällt der Vergleich zwischen der schnelleren WLAN-Verbindung und der LAN-Verbindung über ein Netzwerkkabel aus. Der Anschluss über ein Netzwerkkabel ist mit einer Brutto-Datentransferrate von bis zu 100Mbit/s dem schnellen WLAN-Anschluss mit bis zu 300Mbit/s eigentlich unterlegen. Allerdings erfolgt der Anschluss des NSA-220 an die Fritz!Box ebenfalls über ein Netzwerkkabel mit 10/100Mbit/s, weshalb zumindest keine höhere Datenrate erwartet werden konnte. Die 300Mbit/s WLAN-Verbindung lieferte im Test eine durchnittliche Datentransferrate von gut 6MByte/s für das

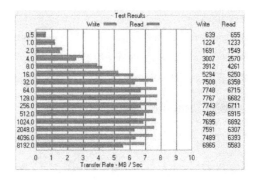

Abbildung 10: Ausschnitt einer Messung der Netzwerkgeschwindigkeit des 300Mbps WLAN-Netzes

Lesen, und gut 7,5MByte für das Schreiben von Daten. Die LAN-Verbindung lieferte eine durchschnittliche Datentransferrate von 10-11MByte/s zum Lesen, und ca. 11,5MByte/s zum Schreiben von Daten. Damit liegt die WLAN-Verbindung im Schnitt ca. 5MByte/s unter der einer LAN-Verbindung über ein Netzwerkkabel.

3.2.4 Durchführen des Streamings

Um über die Software DIXIM Media Client streamen zu können, muss diese lediglich aufgerufen werden. Der im Netzwerk vorhandene NSA-220 Media-Server wird automatisch gefunden. Die Inhalte werden nach Video, Musik und Fotos kategorisiert, und sind jeweils in einem eigenen Menüpunkt aufzurufen. Die weitere Steuerung funktioniert nach dem Prinzip eines normalen Abspielgerätes, wie beispielsweise einem CD-Player.

Um Mithilfe von Microsofts Media Player streamen zu können, sind zunächst einige Einstellungen vorzunehmen (Vergleiche Punkt 4.1.4). Danach findet auch der Windows Media Player den im Netz vorhandenen Media-Server. Zusätzlich kann der Media-Server im Windows-Explorer unter dem Punkt Netzwerk ausgewählt werden. Ein Doppelklick auf den Media-Server öffnet den Windows Media Player. Die Ordnerstruktur des Servers lässt sich dann nach den entsprechenden Titeln durchsuchen. Ebenso besteht die Möglichkeit die Inhalte nach Sortierkriterien, wie Album oder Künstler auszuwählen. Die Bedienung erfolgt auch beim Media Player analog der eines CD-Spielers.

4 Bewertung

4.1 NSA-220

4.1.1 Komplexität der Installation

Die Komplexität der Geräteinstallation gestaltet sich recht einfach. Die benötigten Kabel sind genormt, und besitzen spezifische Kabelenden. Hierdurch können
Kabel weder vertauscht, noch falsch angeschlossen werden. Des Weiteren befinden
sich an allen Anschlüssen der Fritz!Box Kurzbezeichnungen, welche die Anschluss-
art kennzeichnen. An den mitgelieferten Anschlusskabeln der Fritz!Box befinden sich
ebenfalls Kurzbezeichnungen. Der Einschub und die Installation der Festplatten gestaltet sich durch Laufwerksladen, Schienensystem und einfache Verschraubungen
ebenfalls problemlos. Der Anschluss des FRITZ!WLAN USB Sticks stellt, dank ge-
normter USB Schnittstelle, ebenfalls kein Problem dar.

4.1.2 Umfang der Einrichtung

Um die Fritz!Boxen einzurichten, werden kaum technische Vorkenntnisse benötigt.
Die WPA Verschlüsselung ist bereits werksseitig aktiviert. Der Schlüssel wird beim
einrichten des Netzwerkes abgefragt und befindet sich unter der Box, wodurch er
nicht verloren gehen kann. Wird zusätzlich der FRITZ!WLAN USB-Stick verwendet,
kann dieser an den USB-Port auf der Rückseite der Fritz!Box angeschlossen werden.
Hierdurch wird der Netzwerkschlüssel automatisch auf den USB-Stick übertragen.
Eine zusätzliche Eingabe am Laptop entfällt somit. Durch die Eingabe des, vom In-
ternetprovider 1&1 mitgelieferten, Start-Codes richtet sich die Fritz!Box selbständig
ein. Dadurch kann sofort im Internet gesurft und, über an die Fritz!Box angeschlossene Telefone, telefoniert werden.
Erst bei der weiteren Einrichtung des Heimnetzwerkes sind einige Grundkenntnisse
in Bezug auf IP-Adressierung und Computertechnik von Nöten. So ist es sinnvoll,
die Fritz!Box als DHCP-Server zu konfigurieren. Des weiteren muss das NSA-220
entsprechend eingerichtet werden. Der NSA-220 ist werksseitig so konfiguriert, dass
er die IP-Adresse automatisch bezieht, sofern ein DHCP-Server im Netz vorhanden
ist. Der Zugriff über das mitgelieferte Discovery Utility, beziehungsweise über die

Web-Oberfläche kann daher direkt im Anschluss an die Verkabelung erfolgen. Nachdem die Festplatten installiert worden sind, muss zunächst eine Disk-Konfiguration, beispielsweise ein Raid Level, ausgewählt werden. Im Anschluss daran findet eine Formatierung der Festplatten statt, welche ca. 1,5 Stunden in Anspruch nimmt. Hier gibt die Web-Oberfläche dem unerfahrenen Benutzer allerdings eine kurze Einweisung, welche Vor- beziehungsweise Nachteile die einzelnen Disk-Konfigurationen aufweisen. Zur Erhöhung des Datenschutz wurde hier RAID 1 gewählt. Hierdurch werden die Daten auf beiden Platten verteilt, wodurch einerseits die Sicherheit erhöht wird, andererseits aber die Gesamtkapazität des NAS auf 500GByte begrenzt wird. Die Einrichtung des richtigen Arbeitsgruppennamens sowohl für den Server, als auch für die Clients ist zwar nicht schwierig, kann aber von unerfahrenen Benutzern leicht übersehen werden. Die Konfiguration der Shares und des Media-Players gestaltet sich Dank guter Hilfestellung wiederum als recht einfach.

Die Streaming-Softwares benötigen keine weitere Einrichtung. Der Windows Media Player ist im Windows-Vista Betriebssystem bereits integriert. Lediglich die Streaming-Software DIXIm Media Client muss auf dem Laptop installiert werden.

4.1.3 Performance der Netzwerkverbindungen

Solange über das Netzwerk nur Musik oder Bilder gestreamt werden sollen, reicht die WLAN-Verbindung mit 54Mbps und einer durchschnittlichen Lesegeschwindigkeit von ca. 2,3MByte/s aus. Der Zugriff auf die Inhalte geschieht zwar recht langsam, jedoch erfolgen keine Aussetzer beim Abspielen. Anders sieht dies bei Filmen aus. Bei dieser Geschwindigkeit gibt es häufige Bild- und Tonaussetzer, was den Filmgenuß erheblich stört. Um Filme sauber streamen zu können, wird mindestens eine WLAN-Verbindung mit 300Mbps benötigt. Im Test zeigte sich hier eine durchschnittliche Lesegeschwindigkeit von gut 6MByte/s. Dies reicht grundsätzlich für Filme, beispielsweise im MPEG-2 Standard, aus. Jedoch sind beide Funkverbindung relativ störanfällig, wodurch es zum Teil zu einem kurzen Abbruch der Verbindung kommen kann. Auch dies kann einen ungetrübten Film- oder Musikgenuß stören. Durch die richtige Wahl des Funkkanals und des richtigen Aufstellortes des WLAN-Routers, kann die Störanfälligkeit jedoch stark gemindert werden. Damit eine Störanfälligkeit über Funk ausgeschlossen, und die Datenrate gleichzeitig erhöht werden kann, sollte daher die Verbindung an das Netzwerk über ein LAN-Kabel erfolgen. Die im Test gemessene Lesegeschwindigkeit von 10-11MByte/s sollte hierbei auch für hochauflösende Videostandards ausreichend sein.

4.1.4 Benutzerfreundlichkeit des Streamings

Das Streamen über die, dem NSA-220 beigelegte, Software DIXIM Media Client gestaltet sich sehr einfach. Im Netzwerk vorhandene Media-Server werden automatisch gefunden, und deren Inhalte angezeigt. Das Hauptmenü ist in die vier Kategorien Video, Musik, Fotos und Media-Server unterteilt. Zusätzlich findet sich noch der Menüpunkt Optionen, unter dem einige Einstellungen getroffen werden können. Wird ein Menüpunkt ausgewählt, so besteht die Möglichkeit aus unterschiedlichen Sortierkriterien, wie Album, Genre, Datum oder allen Inhalten zu wählen. Auch hier befinden sich wieder einige auswählbare, spezielle Optionen, wie beispielsweise die Zufallswiedergabe bei Musiktiteln. Unter dem Menüpunkt Media-Server werden alle im Netz verfügbaren Server aufgelistet. Hierdurch wird auch die Suche auf nur einem Server ermöglicht. Der große Nachteil der Software besteht in der einfachen

Abbildung 11: Die Obefläche des Dixim Media Clients während der Wiedergabe eines Musiktitels

Hilfe, welche den Aufbau einer typischen Windows-Hilfe besitzt. Es erfolgen zwar kurze Erläuterungen wie die Software grundsätzlich bedient wird, welche Formate von der Software unterstützt werden fehlt jedoch völlig. Dies herauszufinden wird komplett dem Benutzer überlassen. Auch der Windows Media-Player besitzt nur eine recht einfach aufgebaute Hilfe. Wie eine Anbindung an einen Media-Server zu erfolgen hat, lässt sie völlig außer acht. So war es zunächst schwierig den Media-Player entsprechend einzurichten. Als problematisch stellten sich hier unter anderem die vergebenen Kennwörter der einzelnen Shares heraus. Erst nach Einbindung eines Laufwerkes im Windows-Explorer, und Eingabe des entsprechenden Kennwortes, konnten im Media-Player Digitale-Inhalte abgespielt werden. Des Weiteren sollte sich der Media-Server in der gleichen Arbeitsgruppe wie der Streaming-Client befinden, da dies ansonsten ebenfalls zu Problemen führt. Ist der Media-Player erst einmal eingerichtet, fällt die Bedienung wiederum recht einfach aus. Der Media-Player besitzt ebenfalls die typische, dem DIXIM Media Client ähnliche, Sortierstruktur. Zusätzlich können hier vorhandene Ordner direkt durchsucht werden. Besteht eine Anbindung an das Internet, ist der Media-Player in der Lage den Inhalten zusätzliche Informationen, wie beispielsweise Titel, Album oder Interpreten hinzuzufügen.

4.1.5 Kosten für Anschaffung und Unterhalt

Wird vorausgesetzt, dass sowohl ein Laptop\PC und ein Router wie die Fritz!Box bereits vorhanden sind, so sind die weiteren Anschaffungskosten recht gering. Das NSA-220 kostet derzeit ca. 180 €. Hinzu kommen die Kosten für die zwei Festplatten von zusammen ca. 120 €. Damit kostet eine einfache Variante eines Heimnetzwerkes zusammen ungefähr 300 €. Soll der Server allerdings ständig erreichbar sein, kommen noch erhebliche Energiekosten hinzu. Diese betragen jährlich ca. 25-30 €.[12]

4.2 Nutzen der DLNA Zertifizierung

4.2.1 Für die Industrie

Der Nutzen, welcher eine Zertifizierung der Geräte für die Industrie bietet, ist vielfältig. Die Industrie kann auf definierten Standards aufbauen, wodurch die Entwicklung neuer Produkte ermöglicht wird. Ohne diese Standards müsste ein Her-

---

[12] Vgl. Haupt, NSA-220 (2007), passim[ ]

steller entweder alle Produkte für ein Heimnetzwerk bereitstellen, oder zahlreiche Herstellerstandards unterstützen, damit eine fehlerfreie Kommunikation zwischen verschiedensten Geräten sichergestellt werden kann. Durch diese Standardisierung der DLNA können sich Unternehmen auf ihre Kernkompetenzen, wie beispielsweise die Herstellung von Konsumer-Elektronik, konzentrieren.[13] Des Weiteren bieten Standards Sicherheiten bei der Entwicklung neuer Produkte. Die Verantwortung und Entscheidung, welche neuen Standards als wichtig bewertet werden, wird an die Organisation der DLNA abgegeben, und durch die Vielzahl an Mitgliedern auf eine deutlich breitere Basis gestellt.

Durch den Entwicklungsvorschub den eine solche Standardisierung mit sich bringt, werden neue Bedürfnisse beim Verbraucher geweckt, wodurch wiederum ein eigenständiger, neuer Markt entstehen kann.[14]

4.2.2 Für den Heimanwender

Auch für den Heimanwender bietet die Zertifizierung der DLNA einige Vorteile. Der wohl größte Vorteil besteht in der einfachen Möglichkeit Geräte zu erkennen, welche untereinander problemlos kommunizieren können. Erst hierdurch wird dem Anwender ermöglicht, ein streamingfähiges Heimnetzwerk aufzubauen oder zu erweitern, ohne ausschließlich Geräte eines Herstellers zu nutzen, beziehungsweise die Geräte vorher auf ihre Kompatibilität hin überprüfen zu müssen. Durch die Standardisierung der Kommunikationsschnitt-

Quelle: Entnommen aus DLNA, Logo (2008), passim[ ].

Abbildung 12: Logo der DLNA

stellen müssen unterschiedliche Herstellerstandards nicht mehr beachtet werden, wodurch die Installation der Komponenten deutlich vereinfacht wird. So können Geräte unterschiedlicher Hersteller in das Netzwerk integriert werden. Des Weiteren wird durch die Zertifizierung sichergestellt, dass unter anderem die gängigsten Media-Formate unterstützt werden. Die Garantie, dass zertifizierte Geräte in einem Test auf die Einhaltung der Interoperability Guidelines überprüft werden, bieten dem Anwender weitere Sicherheiten beim Kauf dieser Geräte.[15]

---

[13] Vgl. Buffalo, Kernkompetenz (2008), passim[ ].
[14] Vgl. DLNA, Vorteil Industrie (2008), passim[ ].
[15] Vgl. DLNA, Vorteil Heimanwender (2008), passim[ ].

5   Fazit / Ausblick

Die von der Organisation der DLNA verfolgte Zusammenführung von Heimnetz-
werken mit Konsumer-Elektronik, mobilen Endgeräten und Computern ist der
richtige Weg, um den Zugriff auf digitale Inhalte im gesamten Haus und darüber
hinaus zu ermöglichen. Durch Festsetzung und fortwährende Anpassung der
Interoperability Guidelines, werden Standards geschaffen, welche es der Industrie
ermöglichen, die Entwicklung der entsprechenden Endgeräte voranzutreiben. Dies
ist auch notwendig, da die Versuche zeigen, dass es für den einfachen Anwender
sicherlich noch zu aufwendig ist, ein Netzwerk zu erstellen und passende Endgeräte
zur Nutzung der digitalen Inhalte in dieses Netzwerk einzubinden. Derzeit verlangt
sowohl die Installation des Netzwerkes, als auch die Einbindung der Endgeräte noch
zu viel Fachwissen aus dem Bereich der Informatik.

Erst durch die weitere Verfolgung des angestrebten Ziels, ein Logo zu schaffen, welches auch für eine einfache Implementierung von Endgeräten in bestehende
Netze steht, wird die Nutzung auch unerfahrenen Anwendern ermöglicht. So können
diese Anwendungen zukünftig auch einer breiteren Zielgruppe zugänglich gemacht
werden. Die konsequente Implementierung von Netzwerkschnittstellen in Endgeräte,
wie es beispielsweise Philips und Samsung in ihren aktuellen Fernseher-Modellreihen
vormachen, zeigt, dass dieser Prozess voranschreitet und weitere Entwicklungen
folgen werden.

Auch ein Blick auf das weitere Vorgehen der DLNA zeigt, dass der Entwick-
lungsprozess fliessend ist. So steht auf der Roadmap unter anderem die Erweiterung
der Geräteklassen von derzeit drei auf dann zwölf Klassen, das Hinzufügen von weiteren Media-Formaten sowie der Support der Bluetooth Technologie. Des Weiteren
sollen Drucker und weitere mobile Geräte zertifiziert und der DLNA hinzugefügt
werden. Ebenfalls geplant ist eine Erweiterung des Netzwerkes auf den Automobil-
sektor, um digitale Inhalte des Heimnetzwerkes mit dem Auto zu synchronisieren
und somit einen Zugriff auch während der Autofahrt zu ermöglichen.[16]

---

[16] Vgl. DLNA, Roadmap (2008), passim[ ].

A   Literaturverzeichnis

Literatur

[1] BUFFALO, KERNKOMPETENZ: *Buffalo Technology – Info–Center – Software unserer Partner.* http://www.buffalo-technology.com/technology/software/dlna/, 24.06.2008.

[2] BUFFALO, LINKTHEATER: *Buffalo Technology - Products - Link-Theater Wireless A&G Network Media Player.* http://www. buffalo-technology.com/products/multimedia/linktheater-ag/linktheater-wireless-ag-network-media-player/, 17.06.2008.

[3] BUFFALO, TERASTATION: *Buffalo Technology – Produkte – TeraStation Live.* http://www.buffalo-technology.com/products/network-storage/terastation/terastation-live/, 23.06.2008.

[4] DIGITAL LIVING NETWORK ALLIANCE, WHITEPAPER: *DLNA Overview and Vision Whitepaper 2007.* http://www.dlna.org/news/DLNA_white_paper. pdf, 2007.

[5] DLNA, GERÄTEKLASSEN: *DLNA Certified Device Classes - DLNA.* http://www.dlna.org/digital_living/devices/, 16.06.2008.

[6] DLNA, LOGO: *How to Use the DLNA Logos – DLNA.* http://www.dlna. org/retail/marketing/logo/, 24.06.2008.

[7] DLNA, MEMBER: *DLNA Member Companies - DLNA.* http://www.dlna. org/about_us/roster/, 16.06.2008.

[8] DLNA, ROADMAP: *What's Next: the DLNA Roadmap – DLNA.* http://www. dlna.org/about_us/roadmap/, 23.06.2008.

[9] DLNA, VORTEIL HEIMANWENDER: *Look for the Logo – DLNA.* http://www. dlna.org/logo/look/, 24.06.2008.

[10] DLNA, VORTEIL INDUSTRIE: *Organizational FAQ – DLNA.* http://www. dlna.org/industry/why_dlna/dlna_faq/.

[11] DR. VOLKER ZOTA, MEDIA PLAYER: *heise online – Microsoft veröffentlicht Windows Media Player 11 für XP*. http://www.heise.de/newsticker/ Microsoft-veroeffentlicht-Windows-Media-Player-11-fuer-XP--/ meldung/80264, 31.10.2006.

[12] DR. VOLKER ZOTA, NERO 8: *heise online – CeBIT special – Update für Nero 8*. http://www.heise.de/newsticker/suche/ergebnis?rm=result;words= Showtime%%20ShowTime;q=showtime;url=/newsticker/meldung/104489/, 04.03.2008.

[13] HAUPT, NSA-220: *Test Zyxel NSA-220 (II/II) Medienserver und Download-Knecht*. http://neuerdings.com/2007/10/26/ test-zyxel-nsa-220-iiii-medienserver-und-download-knecht/, 26.10.2007.

[14] ITWISSEN, DLNA: *:: digital living network alliance :: DLNA :: Definition :: IT-Lexikon*. http://www.itwissen.info/definition/lexikon/ digital-living-network-alliance-DLNA.html, 16.06.2008.

[15] TWONKYMEDIA, DLNA: *TwonkyVision UPnP MediaServer*. http://www. twonkyvision.de/Products/TwonkyMedia/index.html, 17.05.2008.

[16] TWONKYMEDIA, GERÄTE: *TwonkyVision UPnP MediaServer*. http://www. twonkyvision.de/Products/TwonkyMedia/devices.html, 17.05.2008.

[17] ZYXEL, AUFBAU: *Studerus AG, ZyXEL Generalvertretung - ZyXEL NSA-220-1T Network-Storage-Appliance (Storage)*. http://www.zyxel.ch/ products/storage/zyxel_nsa_220_1t/datasheet.html, 16.06.2008.

[18] ZYXEL, NSA-220: *ZyXEL Produkte & Lösungen - NSA-220*. http://www.zyxel.de/web/product_family_detail. php?PC1indexflag=20050125090459\&CategoryGroupNo= 758BFE64-3A95-463C-9E1E-3D30E3B58D9C, 26.06.2008.